Wanda Einstein

Lapbooks gestalten in der Kita

Willkommen, Weihnachten, Ostern, Abschied: Materialien zur Erarbeitung von Klappbüchern

Faltvorlagen zum Download

Auer

Quellenverzeichnis

Die Ideen „Kugeln basteln" (S. 33) sowie „Weihnachtskarte" (S. 34) sind unserem Band „Denise Müller: Alle Kinder basteln – die Kita glänzt, BN 07880, Auer Verlag" entnommen.

Gedruckt auf umweltbewusst gefertigtem, chlorfrei gebleichtem und alterungsbeständigem Papier.

1. Auflage 2018

Covergestaltung: matmedien I Werbung und Mediendienstleistungen, Burgau
Illustrationen: Corina Beurenmeister
Satz: Typographie & Computer, Krefeld
Druck und Bindung: Korrekt Nyomdaipari Kft
ISBN 978-3-403-**08270**-5

www.auer-verlag.de

Inhaltsverzeichnis

Im Buch:

Didaktisch-methodische Hinweise 4
Methodensteckbrief „Lapbook“ für Erzieherinnen und Eltern 6
Ein Brief an das Kind 7

Lapbook „Willkommen“
Didaktisch-methodische Hinweise 8
Faltanleitungen 9
Themenspezifische Faltvorlagen 12

Lapbook „Ostern“
Didaktisch-methodische Hinweise 21
Faltanleitungen 22
Themenspezifische Faltvorlagen 25

Lapbook „Weihnachten“
Didaktisch-methodische Hinweise 31
Faltanleitungen 32
Themenspezifische Faltvorlagen 35

Lapbook „Abschied“
Didaktisch-methodische Hinweise 41
Faltanleitungen 42
Themenspezifische Faltvorlagen 45

Als Download:

Lapbook „Willkommen“
Themenspezifische Faltvorlagen
Blanko-Faltvorlagen

Lapbook „Ostern“
Themenspezifische Faltvorlagen
Blanko-Faltvorlagen

Lapbook „Weihnachten“
Themenspezifische Faltvorlagen
Blanko-Faltvorlagen

Lapbook „Abschied“
Themenspezifische Faltvorlagen
Blanko-Faltvorlagen

Zum Download:

Die Vorlagen sind optimiert für Microsoft® Office 2007 SP3 basierend auf Windows 7 oder höher. Sollte die Schrift Auer Schulbuch verwendet sein, ist diese mitgeliefert und muss vor der Bearbeitung installiert werden.

Didaktisch-methodische Hinweise

Was ist ein Lapbook?

Bei einem Lapbook handelt es sich um eine besondere Form, Arbeitsergebnisse möglichst kreativ und anschaulich zu sammeln. Der Name leitet sich davon ab, dass das Lapbook auf den Schoß (engl. lap) gelegt werden kann. In der Grundschule ist das Lapbook sehr beliebt.
In der Kita lernen die Kinder die Methode an bedeutsamen Themen in ersten Ansätzen kennen, „arbeiten" dabei aber noch sehr eng mit der Erzieherin und den Eltern zusammen, die anleiten und unterstützen.

Wie sieht es aus?

Ein großes Tonpapier wird von rechts und links nach innen zu einem Lapbook gefaltet. In dieses werden verschiedene gestaltete Klebeelemente, z. B. Klappen, Taschen, Bastelergebnisse oder Steckbriefe, eingefügt. Üblicherweise wird ein für die Kinder wichtiges Thema behandelt, zu dem es mit der Erzieherin oder den Eltern arbeitet. Anschließend wird das Ergebnis mit der Erzieherin besprochen, das fertige Lapbook in der Portfoliomappe gesammelt und das Ergebnis des Gesprächs dokumentiert.
Lapbooks (auch Klappbücher genannt) besitzen einen sehr motivierenden Charakter für die Kinder. Die Erstellung der einzelnen Elemente macht ihnen Spaß und es entsteht ein schönes Endergebnis, auf das die Kinder stolz sind und das sie gerne präsentieren.

Einsatzmöglichkeiten

Unsere Vorlagen und Ideen richten sich an alle Kindergartenkinder – vom Start bis zum Übertritt in die Grundschule. Unsere Vorlagen sind deshalb so ausgewählt und gestaltet, dass sie von allen Kindern, ggf. mithilfe der Erzieherin, individuell umgesetzt werden können. Sie benötigen dazu lediglich Materialien, die in allen Kitas vorrätig sind (Tonpapier, Papier, Stifte, Schere, Kleber).
Während der Gestaltung der einzelnen Elemente vertiefen sich die Kinder in ein Thema, malen, schneiden, kleben und festigen dabei ihre feinmotorischen Fähigkeiten. Sie reflektieren über die Inhalte zunächst allein oder mit anderen Kindern, später auch mit Eltern und der Erzieherin. Dabei entwickeln sie ihre sprachlichen Kompetenzen weiter.
Jedes Kind arbeitet (ggf. gemeinsam mit der Erzieherin) seinem eigenen Entwicklungsstand entsprechend. Die Kreativität der Kinder wird dabei immer wieder gefördert.
Schon die Kleinen können tolle Ergebnisse erzielen. Die Erzieherin kann diesen Prozess steuern, indem sie selbst eine altersgemäße Auswahl der Faltvorlagen und Klappelemente trifft oder sie die Elemente mit den Kindern gemeinsam auswählt. In der Regel leitet die Erzieherin das Arbeiten an den einzelnen Elementen mehr oder weniger stark an.
Sind alle gewünschten Elemente erstellt, werden sie auf ein gefaltetes Tonpapier geklebt. Für die Gestaltung eines Lapbooks müssen Sie so mehrere Tage einplanen.
Wir haben vier wichtige Themen ausgewählt und mit Ideen angereichert, die Sie auch einleitend oder ergänzend im Kitaalltag nutzen können. Die Blankovorlagen können jedoch für jedes Thema in der Kita in Einzel-, Partner- und Gruppenarbeit eingesetzt werden.

Präsentationsmöglichkeiten

Für die Präsentation eines Lapbooks bieten sich hauptsächlich zwei Vorgehensweisen an:
1. Die Lapbooks werden mit der Erzieherin im Rahmen der Portfolioarbeit besprochen und dokumentiert. Die Kinder erhalten die Möglichkeit, das Portfolio mit nach Hause zu nehmen, danach wird es in der Portfoliomappe gesammelt.
2. Die fertigen Lapbooks werden im Gruppenraum auf Tischen ausgelegt und in einem Museumsrundgang von den Kindern betrachtet. Wer möchte, kann sein Lapbook erklären und den anderen Kindern vorstellen.

Besprechung des Lapbooks

Für die Lapbookhülle benötigt jedes Kind einen einfarbigen DIN-A3-Tonkarton und ein einfarbiges DIN-A4-Blatt.
Als Arbeitsmaterial kommen Klebstoff, Schere sowie verschiedene Bunt- und Schreibstifte zum Einsatz, die in jeder Kita vorhanden sein sollten.
Zusätzlich werden manchmal Klebeband, Musterklammern, ein Locher oder ein Heftgerät mit Heftklammern gebraucht. Diese können von der Erzieherin zur Verfügung gestellt und eingesetzt werden.

Zur Aufbewahrung der bereits gestalteten Elemente, die noch nicht in das Lapbook geklebt wurden, bietet sich eine Prospekthülle an. In dieser kann am Ende das fertiggestellte Lapbook in die Portfoliomappe eingefügt werden. Für die Erarbeitung eines Themas benötigen die Kinder die Unterstützung der Erzieherin und der Eltern. Wie diese genau aussehen kann, zeigen wir bei jedem Lapbook.

Die Materialien in diesem Band

In diesem Band finden Sie Material für vier verschiedene Lapbooks:

- Willkommen
- Ostern
- Weihnachten
- Abschied

Zu jedem Lapbook erhalten Sie im Buch alle benötigten Hinweise für die Kinder, die Erzieherin und die Eltern, alle benötigten Blanko-Faltvorlagen sowie individuelle gestaltete Kopiervorlagen, die die Kinder zu jedem Thema nutzen können.
Als Download enthalten sind alle Vorlagen des Buches sowie die Faltvorlagen als Blankoversion.
So können Sie die Faltvorlagen auch für andere Themen verwenden, wenn Ihnen und Ihren Kindern die Lapbookarbeit so gut gefällt, dass Ihnen vier Themen nicht ausreichen.

Methodensteckbrief Lapbook für Erzieherinnen und Eltern

Der Methodensteckbrief macht Erzieherinnen und Eltern mit der Methode und Vorgehensweise bei der Erstellung eines Lapbooks vertraut. Er gibt ihnen eine Orientierung, in welcher Reihenfolge sie vorgehen sollen und welches Material sie für die Kinder benötigen.

Tipp:

Ein fertiggestelltes Lapbook zu einem beliebigen Thema macht die Kinder mit der Präsentationsform vertraut und motiviert sie, ein eigenes Lapbook zu gestalten. Es kann sich dabei auch um leere Minibücher handeln. Bedenken Sie in der Kita immer, dass die Kinder bei der Erstellung des Lapbooks intensiv angeleitet und begleitet werden müssen.

Faltvorlagen

Die Minibücher entstehen mithilfe verschiedener Faltvorlagen, die den Kindern kopiert zur Verfügung gestellt werden.
Im Buch finden Sie alle vorgestellten Faltvorlagen der vier Beispielthemen zum Kopieren und sofortigen Einsatz. Zusätzlich haben Sie die Möglichkeit, die Blankoversionen der Faltvorlagen als veränderbare Word-Datei downzuloaden und für andere Themen zu bearbeiten und vorzubereiten.
Kopieren Sie die Faltvorlagen auf etwas stärkeres Papier, z. B. 100 g/m², erhöhen sich Stabilität und Lebensdauer des Lapbooks. Gleichzeitig wird die Handhabung der Vorlagen für die Kinder erleichtert.
Die benötigten Faltvorlagen werden im Gruppenraum zur Verfügung gestellt. Dafür bieten sich z. B. Stapelboxen oder Prospekthüllen an, in die die Vorlagen einsortiert werden. Die Prospekthüllen können ausgelegt werden oder in einem Ordner abgeheftet sein. In welcher Anzahl die jeweiligen Vorlagen kopiert werden sollten, hängt von der gewählten Einsatzvariante ab.

Faltanleitungen

Die Faltanleitungen sind Karten im Format DIN A5. Die Anweisungen sind i. d. R. als Du-Anrede formuliert, sodass sie von der Erzieherin direkt an das Kind weitergegeben werden können. Es bietet sich an, diese Karten für den langfristigen Einsatz zu laminieren und in einer DIN-A5-Karteibox aufzubewahren. Aus dieser können sich die Erzieherinnen, Eltern oder größere Kinder bei Bedarf die entsprechende Faltanleitung holen.

Methodensteckbrief „Lapbook“ für Erzieherinnen und Eltern

Was ist ein Lapbook?

In einem Lapbook sammelt ein Kind Faltelemente und Minibücher, die es zu einem beliebigen Thema individuell gestaltet hat, in einer aufklappbaren Mappe.

Welches Material benötigt man?

- Musterklammern zum Befestigen von beweglichen Minibüchern
- ein farbiges DIN-A4-Papier
- einen einfarbigen DIN-A3-Tonkarton
- verschiedene Stifte, z. B. Bunt-, Faser-, Wachsmalstifte
- Klebestift und Schere
- Heftgerät
- eine Prospekthülle zum Aufbewahren der einzelnen Minibücher
- Faltvorlagen für verschiedene Minibücher

Wie faltet man ein Lapbook?

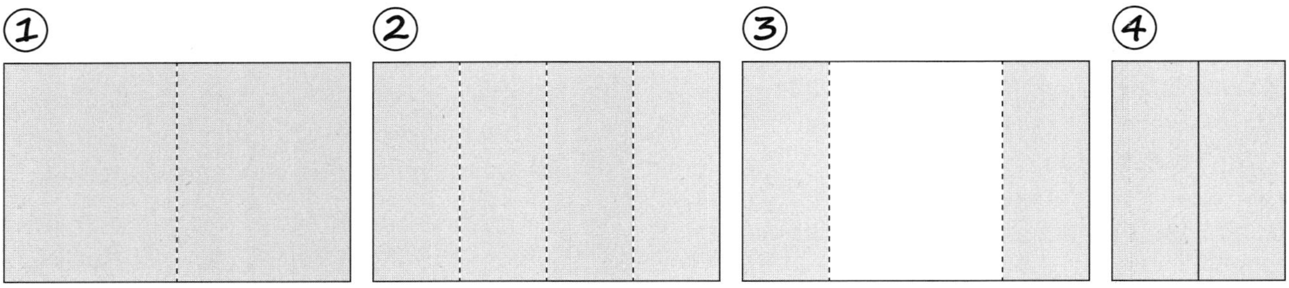

(1) Falten Sie mit dem Kind einen farbigen DIN-A3-Tonkarton in der Mitte und wieder zurück.

(2) Falten Sie mit dem Kind beide Enden zur gefalteten Mittellinie und wieder zurück.

(3) Kleben Sie mit dem Kind ein farbiges DIN-A4-Papier in die Mitte.

(4) Klappen Sie mit dem Kind die beiden äußeren Seiten des Lapbooks zu. Die Sammelmappe ist fertig.

Wie kann man die Titelseite eines Lapbooks gestalten?

- Gestalten Sie mit dem Kind die Titelseiten mit Bildern und Zeichnungen passend zum Thema.
- Notieren Sie gemeinsam den Namen und das Thema des Lapbooks auf den Außenklappen.

Wie gestaltet man Minibücher für ein Lapbook?

- Wählen Sie allein oder mit dem Kind Faltvorlagen für Minibücher aus, in denen die Arbeitsergebnisse zum Thema gesammelt werden.
- Ordnen Sie gemeinsam die gestalteten Minibücher im Lapbook an und kleben Sie diese fest.

Ein Brief an das Kind

In der Kita können Sie jedem Kind eine individuelle Rückmeldung zu seinem Lapbook geben. Eine besonders nette und für das Kind motivierende Art ist es, dem Kind einen Brief zu schreiben. Sie können darin mitteilen, wie Ihnen die Arbeit des Kindes am Lapbook gefallen hat, was es dabei gelernt hat, wie die gemeinsame Arbeit am Lapbook lief, was Sie und das Kind gemeinsam erlebt haben. Schreiben Sie einfach ganz formlos in den untenstehenden Rahmen und lesen Sie den Brief gemeinsam mit dem Kind. Der Brief wird in Du-Form geschrieben und somit direkt an das Kind gerichtet. Der Brief kann handschriftlich oder am Computer verfasst werden. Ein Foto hilft dem Kind, den Inhalt der Geschichte schneller zu erfassen.

Lapbook „Willkommen“

Didaktisch-methodische Hinweise

Mit diesem Lapbook beschäftigen sich die Kinder, wenn sie in den Kindergarten oder Ihre Kindergartengruppe kommen. Die Kinder sind in der Regel noch sehr jung, die Vorlagen sind deshalb sehr einfach gehalten und sollten mit Ihrer Hilfe bearbeitet werden. Es geht in diesem Lapbook vor allem darum, das Kind in der Einrichtung willkommen zu heißen. Die gemeinsame Erstellung des Lapbook trägt dazu bei, dass es sich angenommen und als Teil der Gemeinschaft fühlt. Die Kinder sollen sich selbst in den Blick nehmen, die Einrichtung kennenlernen und durch Beiträge von anderen sicher begleitet fühlen.

Kopiervorlagen:

- Faltanleitungen
- Vorlage „Sammeltasche Brief“
- Vorlage „Streichholzbrief mit Bildkarten“ (zwei Varianten möglich: Räume oder Aufgaben in der Kita)
- Vorlage „Flügeltür Mädchen/Junge“
- Vorlage „Flügeltür Gruppenbild“
- Vorlagen „Garderobensymbole“, bereits in Kärtchen zerlegt
- Vorlage „Wolkenfächer Tagesablauf“
- Alle Blankovorlagen als Download

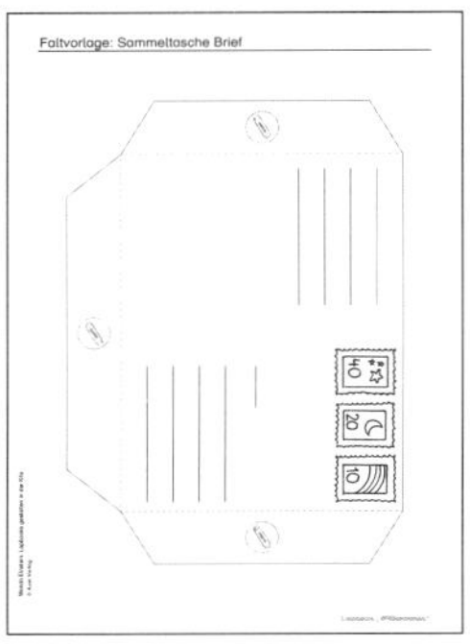

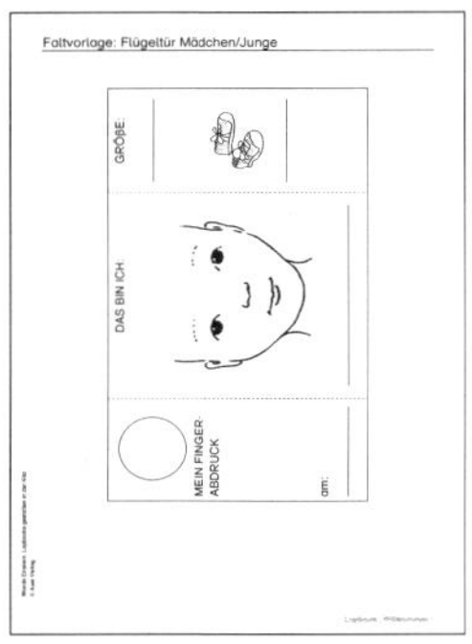

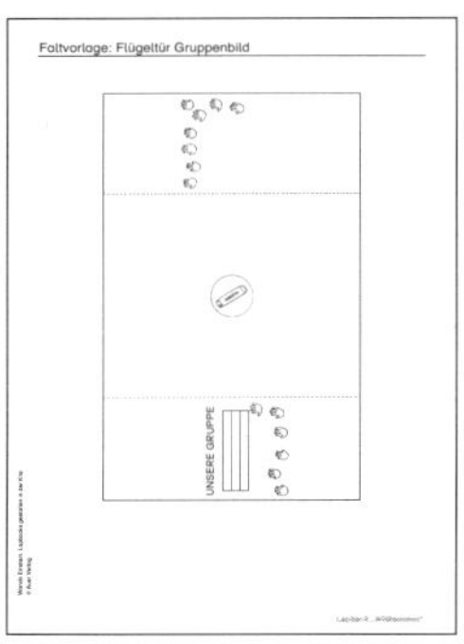

Benötigtes Zusatzmaterial:

- 1 farbiger Tonkarton pro Kind
- 1 Klarsichthülle pro Kind für die bereits fertiggestellten Materialien
- Buntstifte
- Schere
- Klebstift
- Briefe der Erzieherin/der Eltern
- Kleinere Briefumschläge
- Papier/Briefpapier
- Fotos und andere Materialien
- Musterklammern

Faltanleitung: Sammeltasche Brief

① Male den Brief aus und schneide die Tasche an der schwarzen Linie aus.

② Falte alle Klebeflächen nach hinten.

③ Klebe die Tasche mit den Klebeflächen auf dein Lapbook.

④ In der Sammeltasche kannst du verschiedene Dinge sammeln, z. B.: Briefe, Bilder, Fotos, zusammengefaltete Schreibblätter.

Faltanleitung: Streichholzbrief mit Bildkarten

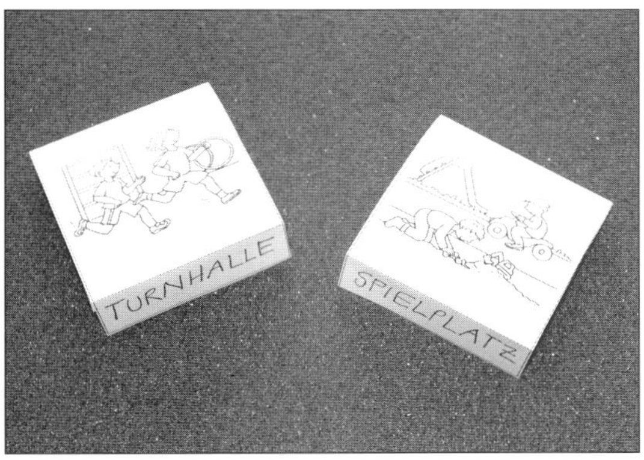

① Male die Bildkarten aus und schneide die Vorlagen jeweils an der schwarzen Linie aus.

② Falte beide Klappen an den gestrichelten Linien nach hinten. Die kleinere soll über der größeren Klappe sein.

③ Klebe die Streichholzbriefe mit der angegebenen Klebefläche auf eine beliebige Stelle deines Lapbooks.

Faltanleitung: Flügeltür Mädchen/Junge

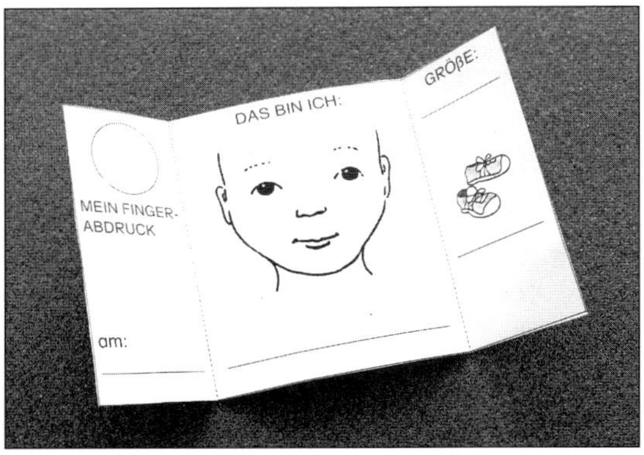

① Fülle den Steckbrief aus und schneide die Vorlage an der schwarzen Linie aus.

② Falte beide Klappen an den gestrichelten Linien nach vorn.

③ Klebe die Flügeltür mit der angegebenen Klebefläche auf eine beliebige Stelle deines Lapbooks.

Faltanleitung: Flügeltür für Gruppenbild

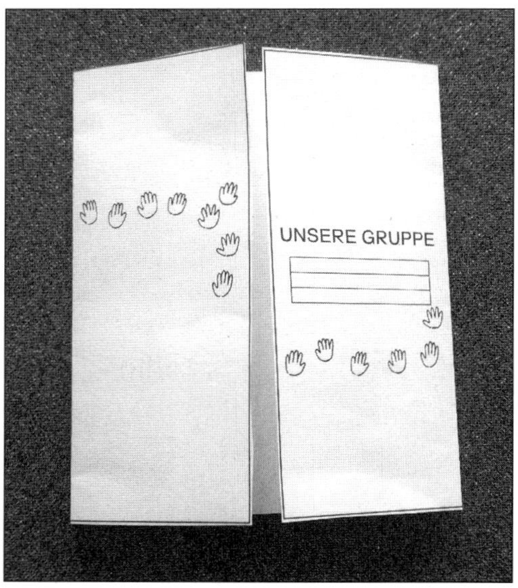

① Male das Bild aus und schneide die Vorlage an der schwarzen Linie aus.

② Falte beide Klappen an den gestrichelten Linien nach hinten.

③ Klebe die Flügeltür mit der angegebenen Klebefläche auf eine beliebige Stelle deines Lapbooks.

④ Klebe innen ein Gruppenbild ein oder mal die Gruppe hinein.

Faltanleitung: Garderobensymbole

① Welches Garderobensymbol hast du dir ausgesucht?

② Suche es heraus, male es aus und klebe es auf dein Lapbook.

Faltanleitung: Wolkenfächer Tagesablauf

⊕ **Du brauchst zusätzlich:**
1 Musterklammer

① Schneide die Wolken an der schwarzen Linie aus.

② Lege die Wolken aufeinander. Die Titelseite liegt oben.

③ Stich mit einem spitzen Bleistift das Loch auf der linken Seite durch alle Wolken (ggf. hilft die Erzieherin mit der Schere).

④ Verbinde die Wolken mit einer Musterklammer zu einem Fächer.

⑤ Klebe die hinterste Wolke mit der Rückseite auf eine beliebige Stelle deines Lapbooks. Achte darauf, dass die Musterklammer nicht mit festgeklebt wird.

Faltvorlage: Sammeltasche Brief

Faltvorlage: Streichholzbrief mit Bildkarten

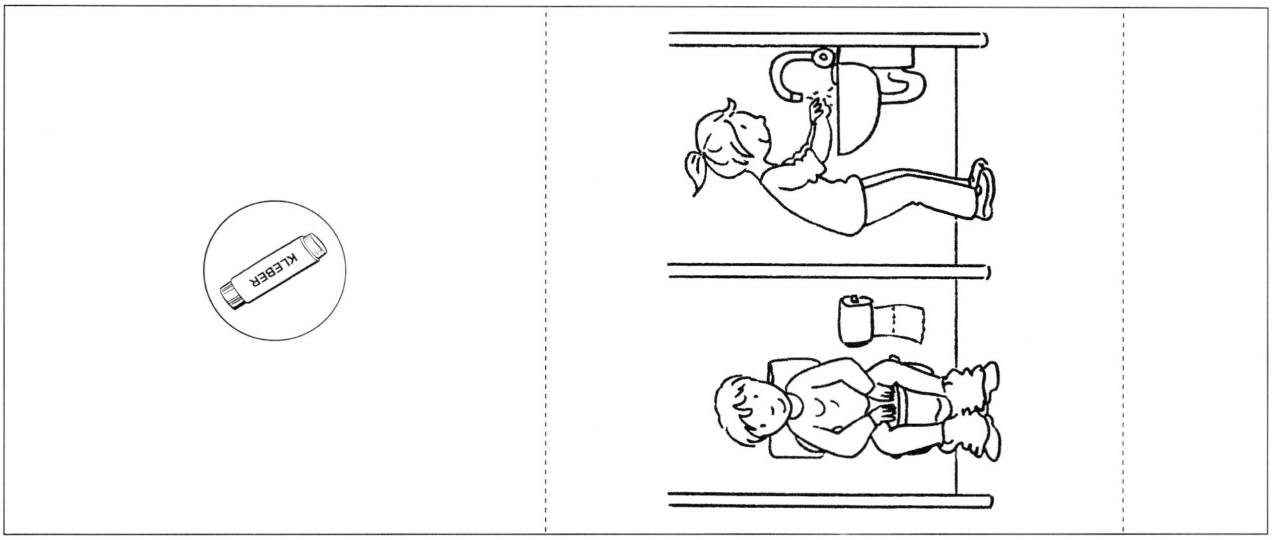

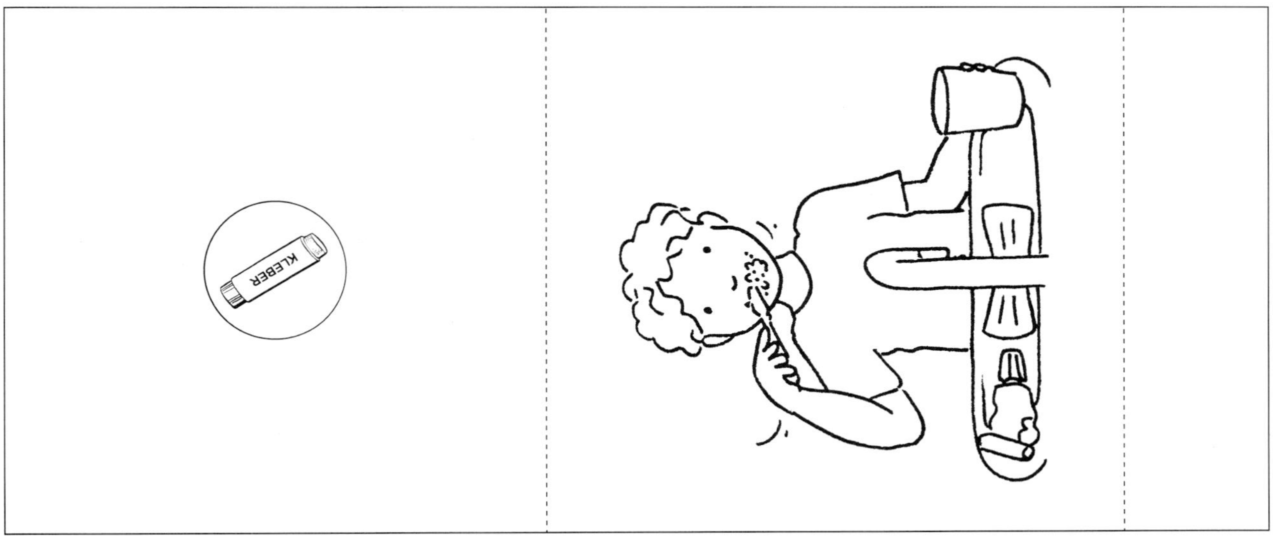

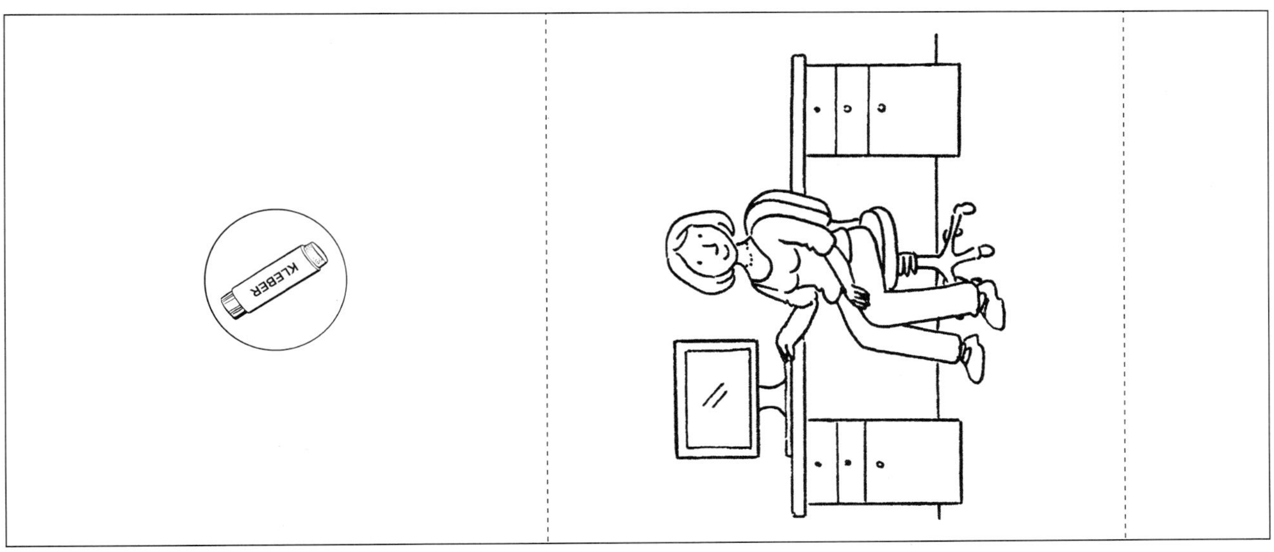

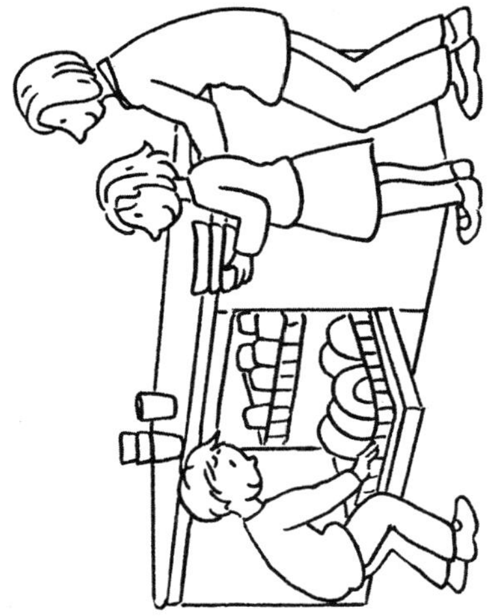

KLEBER

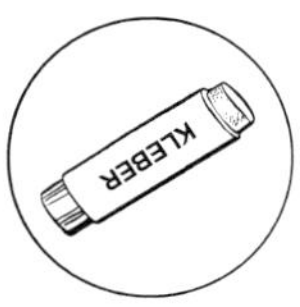
KLEBER

KLEBER

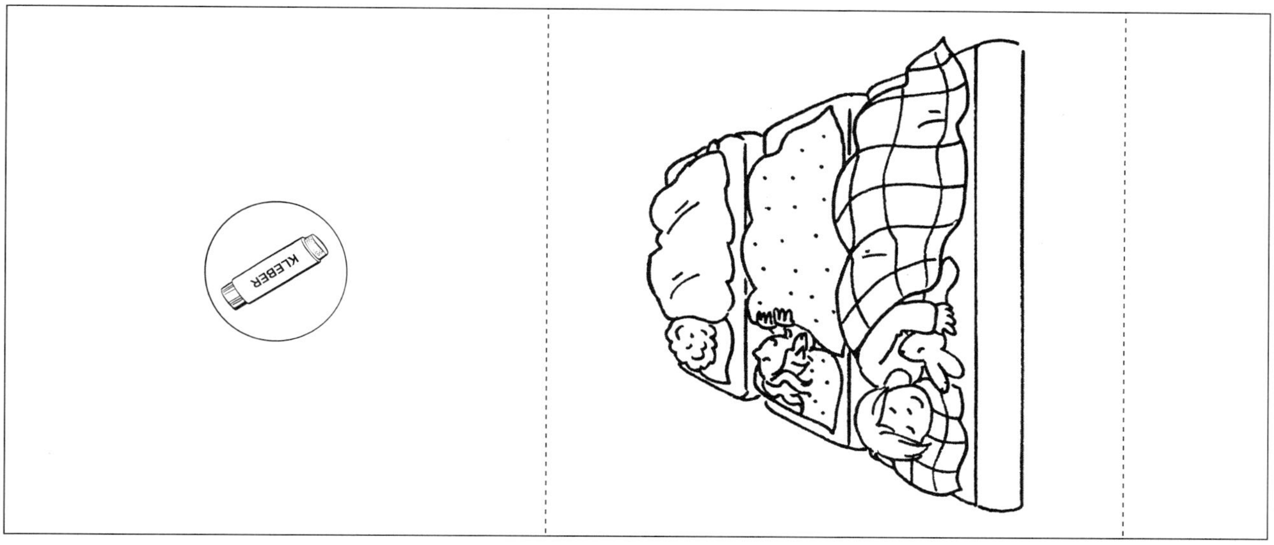
KLEBER

KLEBER

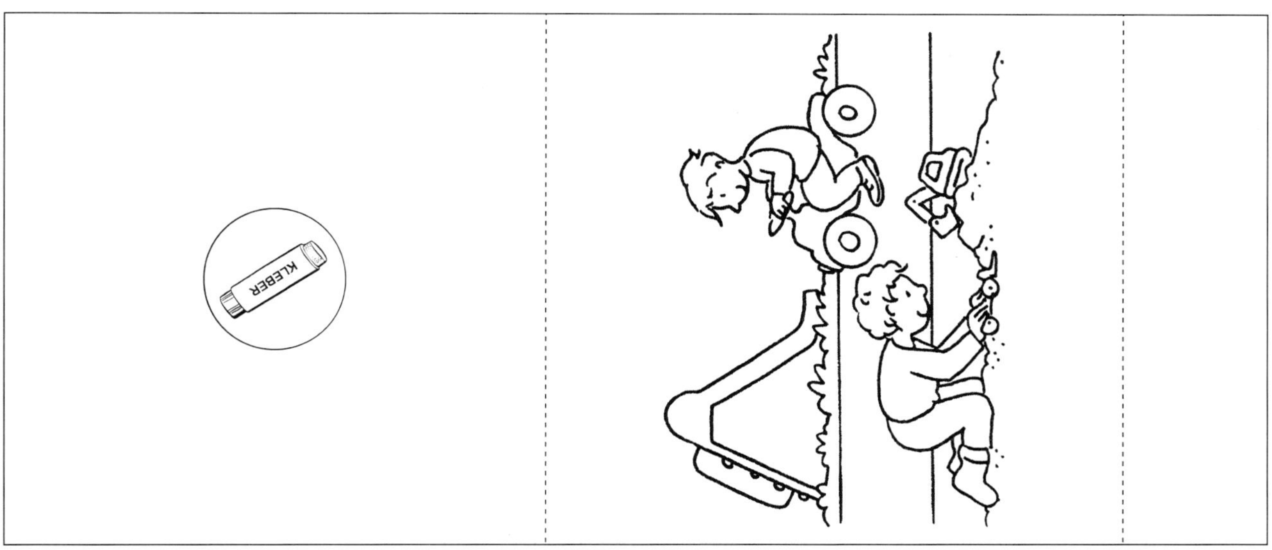
KLEBER

Faltvorlage: Flügeltür Mädchen/Junge

MEIN FINGER-
ABDRUCK

am:

DAS BIN ICH:

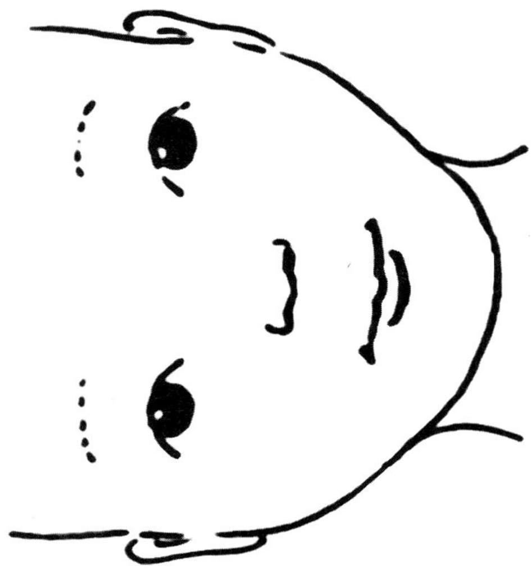

GRÖßE:

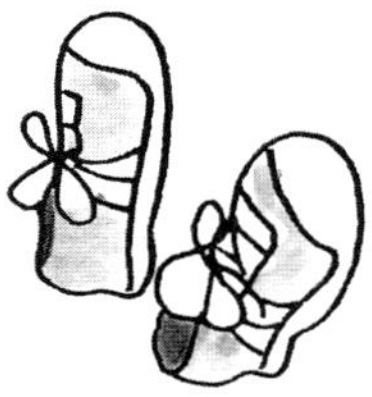

Faltvorlage: Flügeltür Gruppenbild

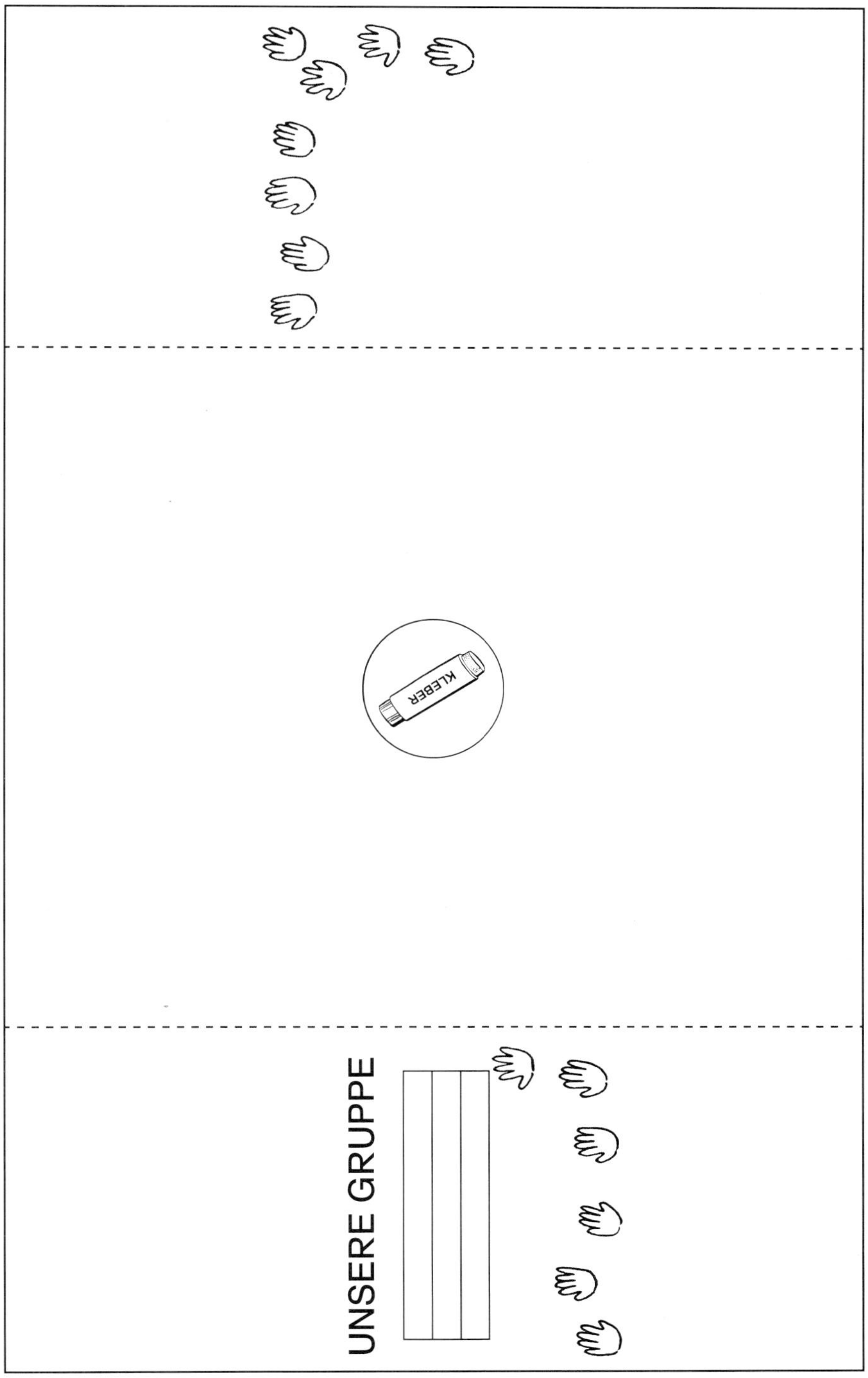

Faltvorlage: Garderobensymbole

Faltvorlage: Wolkenfächer Tagesablauf

Lapbook „Ostern“

Didaktisch-methodische Hinweise

Die Osterzeit in der Kita ist eine tolle Zeit, die dazu einlädt, mit allen Kindern gemeinsam die Bedeutung des Osterfestes kennenzulernen, zu basteln, zu singen oder zu spielen. Wenn die Kinder die Ergebnisse dieser gemeinsamen Aktionen dann noch in Form eines individuellen Lapbooks sammeln, dann bleiben die tollen Erfahrungen besser im Gedächtnis. Auch die Kitaräume können mit den Oster-Lapbooks geschmückt werden, sodass die Eltern und Besucher sehen, was Sie und die Kinder gemeinsam Tolles geschaffen haben.

Kopiervorlagen:

- Faltanleitungen
- Vorlage „Sammeltasche Ostergeschichte“
- Vorlage „Wolkenfächer: Warum feiern wir Ostern?“
- Vorlage „Kalenderklappe: Ich an Ostern“
- Vorlage „Einfaches Flip-Flap: Ostergedicht“
- Vorlage Tasche „Osterei“
- Vorlage „Schriftrolle mit Ausmalbild“
- Alle Blankovorlagen als Download

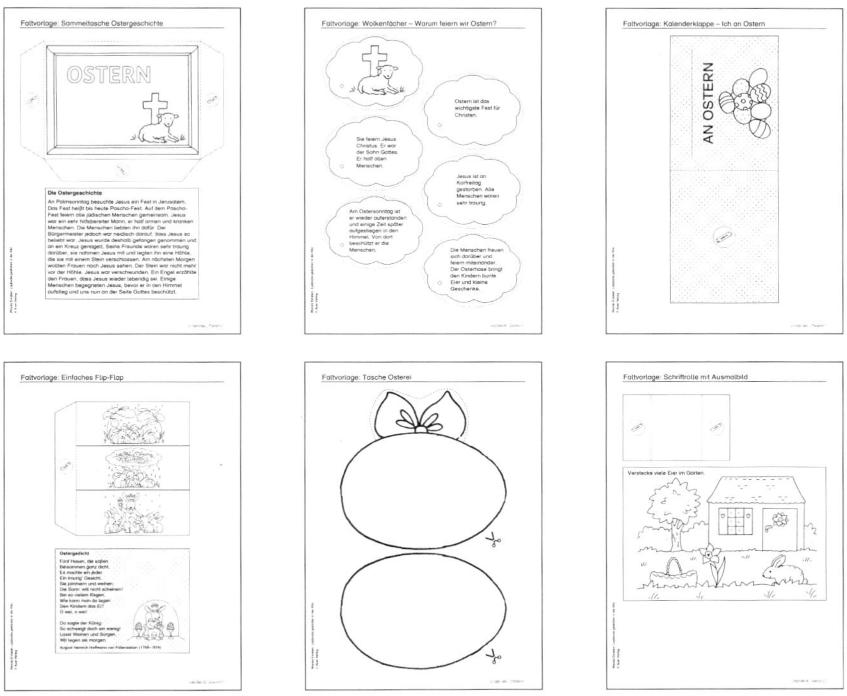

Benötigtes Zusatzmaterial:

- 1 farbiger Tonkarton pro Kind
- 1 Klarsichthülle pro Kind für die bereits fertiggestellten Materialien
- Buntstifte, Filzstifte
- Schere, Klebstift
- Musterbeutelklammern
- Eigene Portraitfotos
- Bücher/Bilderbücher passend zum Thema

Faltanleitung: Sammeltasche – Ostergeschichte

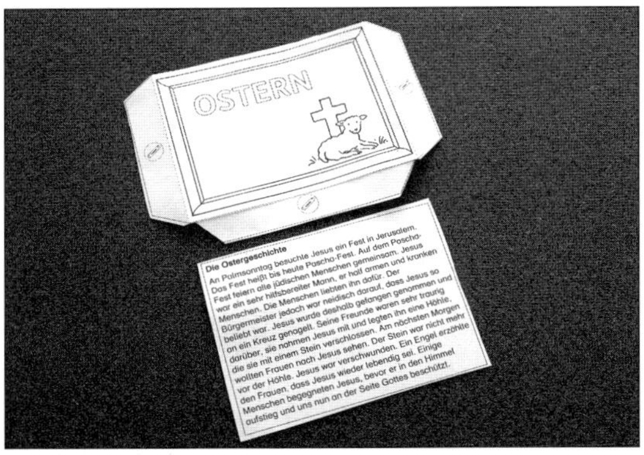

① Schneide die Tasche an der schwarzen Linie aus.

② Falte alle Klebeflächen nach hinten.

③ Klebe die Tasche mit den Klebeflächen auf dein Lapbook.

④ In der Sammeltasche kannst du verschiedene Dinge sammeln, z. B.: Bilder, Fotos, zusammengefaltete Schreibblätter.

Faltanleitung: Wolkenfächer – Ostergeschichte

(+) **Du brauchst zusätzlich:**
1 Musterklammer

① Schneide die Wolken an der schwarzen Linie aus.

② Lege die Wolken aufeinander. Die Titelseite liegt oben.

③ Stich mit einem spitzen Bleistift das Loch auf der linken Seite durch alle Wolken (ggf. hilft die Erzieherin mit der Schere).

④ Verbinde die Wolken mit einer Musterklammer zu einem Fächer.

⑤ Klebe die hinterste Wolke mit der Rückseite auf eine beliebige Stelle deines Lapbooks. Achte darauf, dass die Musterklammer nicht mit festgeklebt wird.

Faltanleitung: Kalenderklappe – Ich an Ostern

① Schneide das Klappbuch an der schwarzen Linie aus.

② Falte die Vorlage an der gestrichelten Linie.

③ Klebe die Kalenderklappe auf eine beliebige Stelle deines Lapbooks.

④ Klebe ein Foto von dir in die Kalenderklappe.

Faltanleitung: Einfaches Flip-Flap – Gedicht

① Schneide die Vorlage an der schwarzen Linie aus.

② Schneide die dicken schwarzen Linien ein.

③ Falte die einzelnen Klappen nach hinten.

④ Klebe das Flip-Flap mit der Seitenlasche auf eine beliebige Stelle deines Lapbooks.

⑤ Die Erzieherin liest dir das Ostergedicht vor.

Faltanleitung: Tasche Osterei

1. Bemale Eivorlage 1 nach eigenem Wunsch.
2. Schneide die beiden Eivorlagen 1 und 2 aus.
3. Trage auf den äußeren Rand der Vorlage 2 ein dünnen Streifen Klebstoff auf. Lasse den oberen Rand aus.
4. Klebe die beiden Teile aneinander, sodass ein Ei mit versteckter Tasche einsteht.
5. Klebe das Ei auf das Lapbook.

Faltanleitung: Schriftrolle mit Ausmalbild

1. Schneide beide Vorlagen an den schwarzen Linien aus.
2. Falte die Halterung für die Schriftrolle an den gestrichelten Linien nach hinten und klebe die Klebeflächen zusammen.
3. Klebe die Halterung auf eine beliebige Stelle deines Lapbooks.
4. Male das Bild aus, rolle es zusammen und stecke es in die Halterung.

Faltvorlage: Sammeltasche Ostergeschichte

Die Ostergeschichte

An Palmsonntag besuchte Jesus ein Fest in Jerusalem. Das Fest heißt bis heute Pascha-Fest. Auf dem Pascha-Fest feiern alle jüdischen Menschen gemeinsam. Jesus war ein sehr hilfsbereiter Mann, er half armen und kranken Menschen. Die Menschen liebten ihn dafür. Der Bürgermeister jedoch war neidisch darauf, dass Jesus so beliebt war. Jesus wurde deshalb gefangen genommen und an ein Kreuz genagelt. Seine Freunde waren sehr traurig darüber, sie nahmen Jesus mit und legten ihn eine Höhle, die sie mit einem Stein verschlossen. Am nächsten Morgen wollten Frauen nach Jesus sehen. Der Stein war nicht mehr vor der Höhle. Jesus war verschwunden. Ein Engel erzählte den Frauen, dass Jesus wieder lebendig sei. Einige Menschen begegneten Jesus, bevor er in den Himmel aufstieg und uns nun an der Seite Gottes beschützt.

Faltvorlage: Wolkenfächer – Warum feiern wir Ostern?

Ostern ist das wichtigste Fest für Christen.

Sie feiern Jesus Christus. Er war der Sohn Gottes. Er half allen Menschen.

Jesus ist an Karfreitag gestorben. Alle Menschen waren sehr traurig.

Am Ostersonntag ist er wieder auferstanden und einige Zeit später aufgestiegen in den Himmel. Von dort beschützt er die Menschen.

Die Menschen freuen sich darüber und feiern miteinander. Der Osterhase bringt den Kindern bunte Eier und kleine Geschenke.

AN OSTERN

Faltvorlage: Einfaches Flip-Flap

Ostergedicht

Fünf Hasen, die saßen
Beisammen ganz dicht,
Es machte ein jeder
Ein traurig' Gesicht.
Sie jammern und weinen:
Die Sonn' will nicht scheinen!
Bei so vielem Regen,
Wie kann man da legen
Den Kindern das Ei?
O wei, o wei!

Da sagte der König:
So schweigt doch ein wenig!
Lasst Weinen und Sorgen,
Wir legen sie morgen.

August Heinrich Hoffmann von Fallersleben (1798–1874)

Faltvorlage: Tasche Osterei

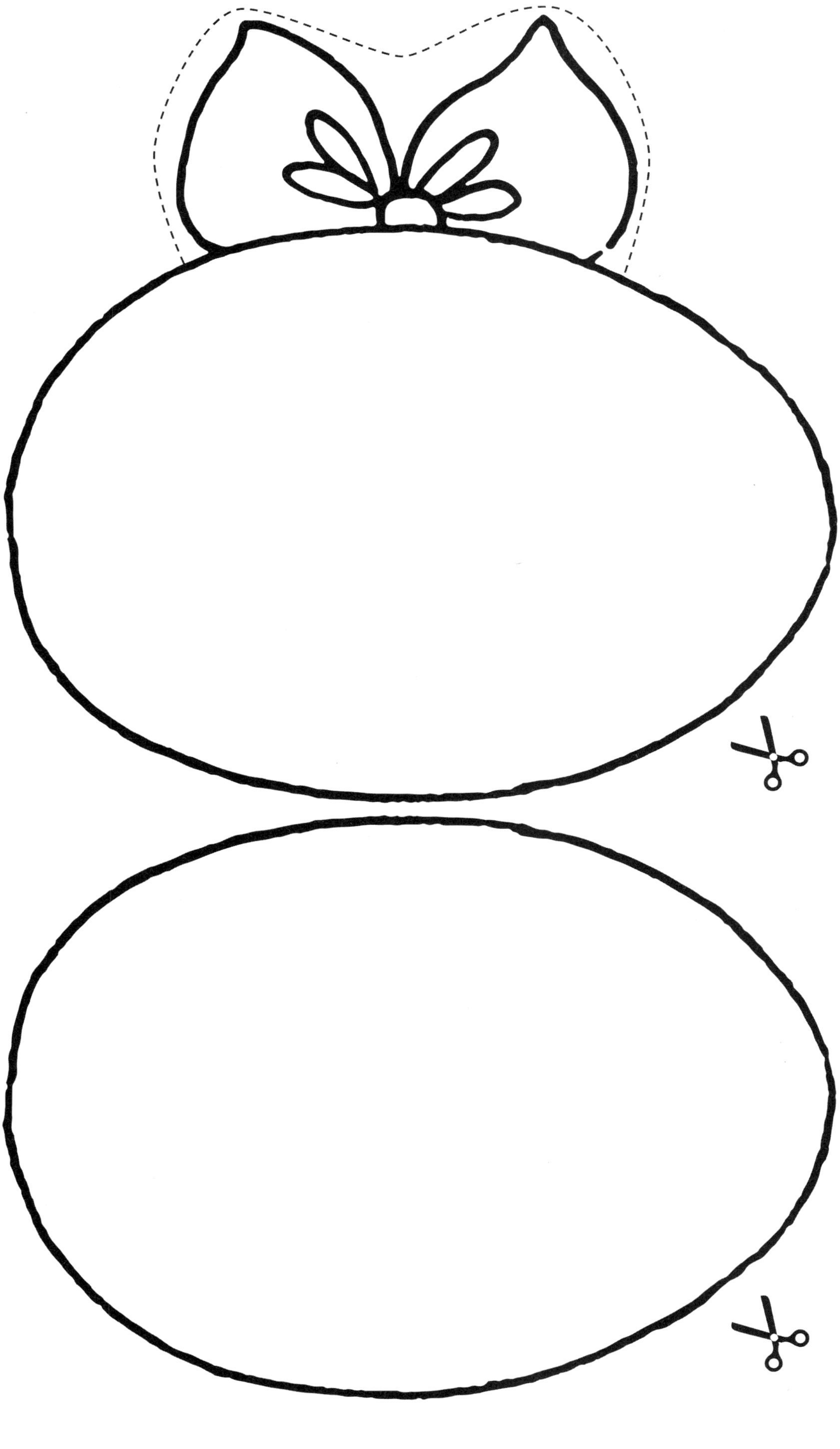

Faltvorlage: Schriftrolle mit Ausmalbild

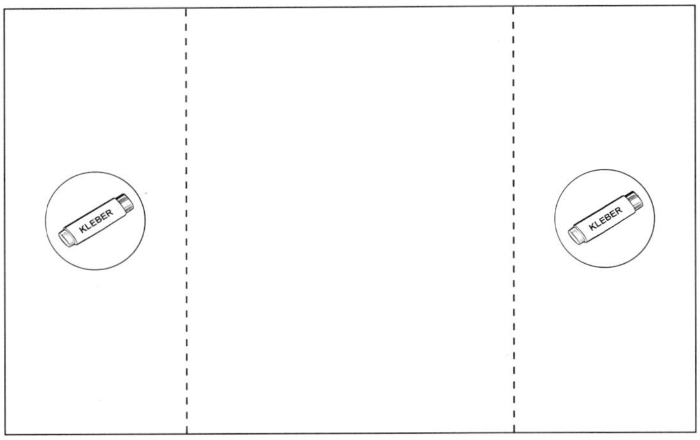

Verstecke viele Eier im Garten.

Lapbook „Weihnachten“

Didaktisch-methodische Hinweise

Die Vorfreude auf Weihnachten wächst. Im Advent können alle Kitakinder an ihrem individuellen Lapbook arbeiten. Jedes Kind setzt sich dabei individuell mit dem Fest auseinander und kann eigenes Wissen sowie eigene Erfahrungen und Erlebnisse einbringen. Es wird eine Freude sein, sich gemeinsam die unterschiedlichen Ergebnisse in einer Ausstellung anzusehen. Sie als Erzieherin unterstützen die Lernprozesse der Kinder. Bei den kleineren Kindern geben Sie etwas mehr Hilfestellung, bei den größeren Kindern vielleicht etwas weniger.

Kopiervorlagen:

- Faltanleitungen
- Vorlage „Sammeltasche Wunschzettel“
- Vorlage „Flügeltür Bildgeschichte“
- Vorlage „Kugeln basteln“
- Vorlage „Weihnachtsgedicht in Truhe“
- Vorlage „Kalenderklappe Weihnachtsfoto“
- Vorlage „Weihnachtskarte“
- Alle Blankovorlagen als Download

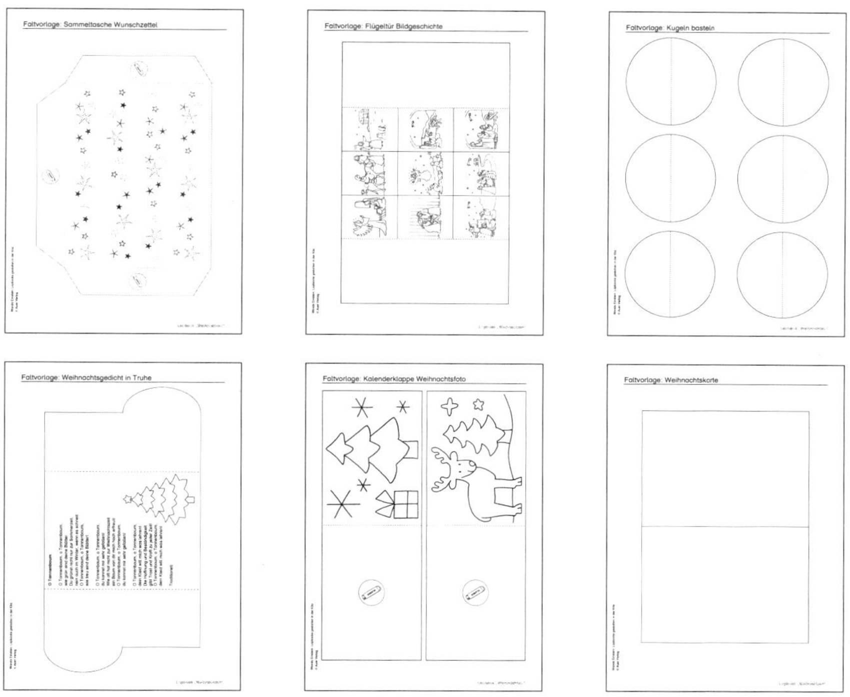

Benötigtes Zusatzmaterial:

- 1 farbiger Tonkarton pro Kind, Tonkarton A6 für Weihnachtskarte
- 1 Klarsichthülle pro Kind für die bereits fertiggestellten Materialien
- Buntstifte, Filzstifte
- Schere
- Klebstift
- Eigene Portraitfotos
- Bastelmaterial „Kugeln basteln“
- Fingerfarbe in den Farben Rot und Weiß, Wackelaugen, Watte
- Bücher/Bilderbücher passend zum Thema
- Papier für Wunschzettel

Faltanleitung: Sammeltasche Wunschzettel

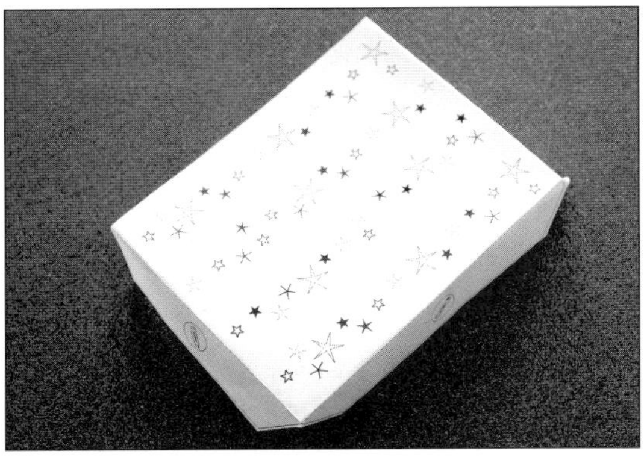

① Schneide die Tasche an der schwarzen Linie aus.

② Falte alle Klebeflächen nach hinten.

③ Klebe die Tasche mit den Klebeflächen auf dein Lapbook.

④ In der Sammeltasche kannst du verschiedene Dinge sammeln, z. B.: Wunschzettel, Bilder, Fotos, zusammengefaltete Schreibblätter.

Faltanleitung: Flügeltür Bildgeschichte

① Schneide die Vorlage an der schwarzen Linie aus.

② Falte beide Klappen an den gestrichelten Linien nach vorn.

③ Klebe die Flügeltür mit der angegebenen Klebefläche auf eine beliebige Stelle deines Lapbooks.

Faltanleitung: Kugeln basteln

① Sie benötigen Kopierpapier in unterschiedlichen Farben. Mithilfe eines Plastikbechers zeichnen die Kinder nun mit Bleistift Kreise auf ihre bunten Blätter (alternativ schneiden Sie die fertigen Kreise S. 37 aus).

② Für die Farben gibt es keine Vorschriften, sie können alle in derselben Farbe sein oder auch jeder in einer anderen. Auch in der Menge kann, je nach Schnelligkeit und Ausdauer der Einzelnen, differenziert werden, es sollten aber mindestens acht Kreise sein, um eine Kugel erkennen zu können. Nun schneiden wir die Kreise möglichst ordentlich aus und legen sie in der gewünschten Farbreihenfolge aufeinander.

③ Mit der Nähmaschine (am besten mit einer stabilen Jeans- oder Baumwollnadel) nähen Sie eine gerade Linie direkt durch die Mitte. Um eine bessere Orientierung zu haben, falten Sie die oberste Kugel in der Mitte und nähen auf der Faltlinie. Die Kinder dürfen mithelfen und langsam „Gas“ geben oder das Papier vorsichtig mitführen. Am Ende des Papiers nähen wir einmal zurück, um die Naht zu sichern. Anschließend lassen wir noch etwas Faden durchlaufen, bevor wir ihn abschneiden, so haben wir gleich eine Schlaufe zum Aufhängen der Kugeln. Jetzt werden alle Schichten der Kugel einmal in beide Richtungen gefaltet, ordentlich ausgerichtet und mit Klebstift auf das Lapbook aufgeklebt oder am Lapbook befestigt.

Faltanleitung: Weihnachtsgedicht in Truhe

① Male die Truhe aus und schneide die Vorlage an der schwarzen Linie aus.

② Falte die beiden Außenklappen an der gestrichelten Linie nach vorn.

③ Verschränke die beiden Klappen miteinander, sodass die Truhe verschlossen ist.

④ Klebe die Truhe mit der angegebenen Klebefläche auf eine beliebige Stelle deines Lapbooks.

Faltanleitung: Kalenderklappe Weihnachtsfoto

① Male das Bild aus und schneide das Klappbuch an der schwarzen Linie aus.

② Falte die Vorlage an der gestrichelten Linie.

③ Klebe die Kalenderklappe auf eine beliebige Stelle deines Lapbooks.

④ Klebe ein Foto von dir hinein.

✂

Faltanleitung: Weihnachtskarte

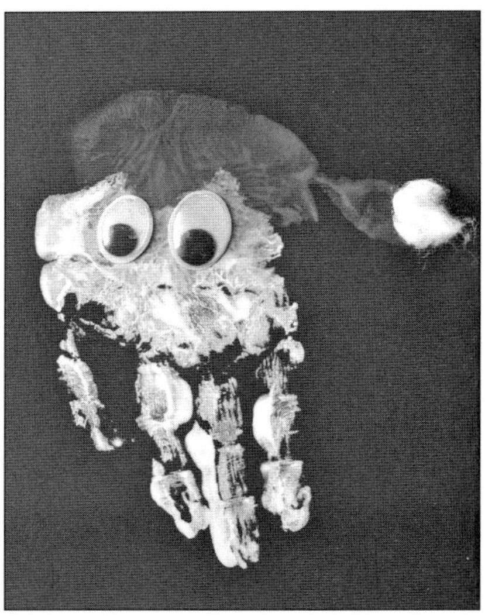

① Sie benötigen dunkles Tonpapier, Fingerfarbe in den Farben Weiß und Rot, Wackelaugen, Watte sowie eine Schere. Schneiden Sie das Tonpapier in Kartenform im Format A6 (Vorlage anbei).

② Der Handballen des Kindes wird innen mit weißer Farbe bestrichen, die Finger mit roter Farbe. In der Mitte der Handfläche werden beide Farben zu einem Rosaton vermischt. Wenn das Kind die Hand nun mit dem abgestreckten Daumen auf eine dunkle Karte drückt, zeigt sich ein Weihnachtsmannkopf mit weißem Bart und roter Zipfelmütze.

③ Bekleben Sie das Gesicht mit Wackelaugen und schmücken die Mütze mit einer weißen Bommel. Nun kann die Karte auf das Lapbook geklebt werden.

Faltvorlage: Sammeltasche Wunschzettel

Faltvorlage: Flügeltür Bildgeschichte

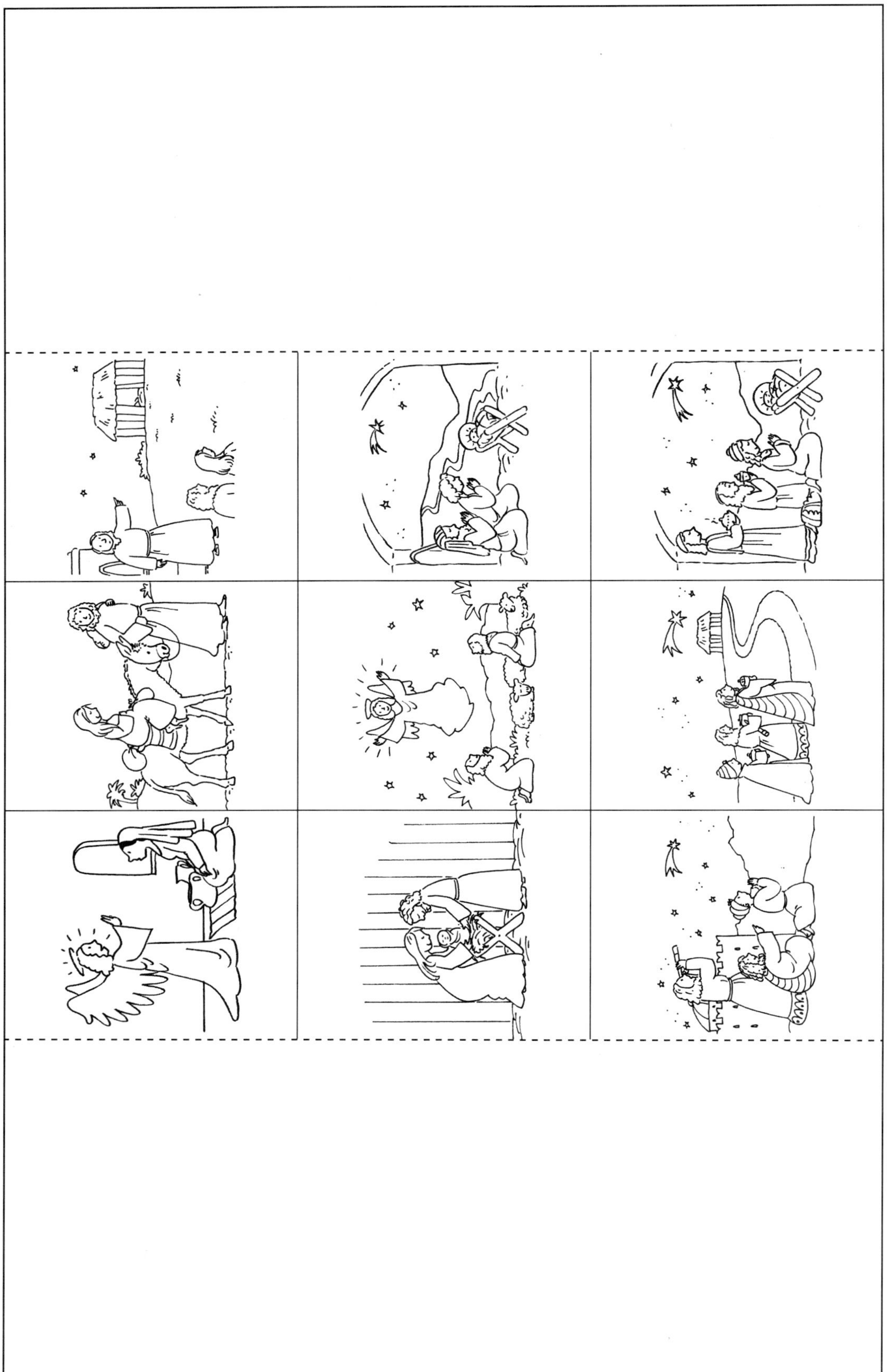

Faltvorlage: Kugeln basteln

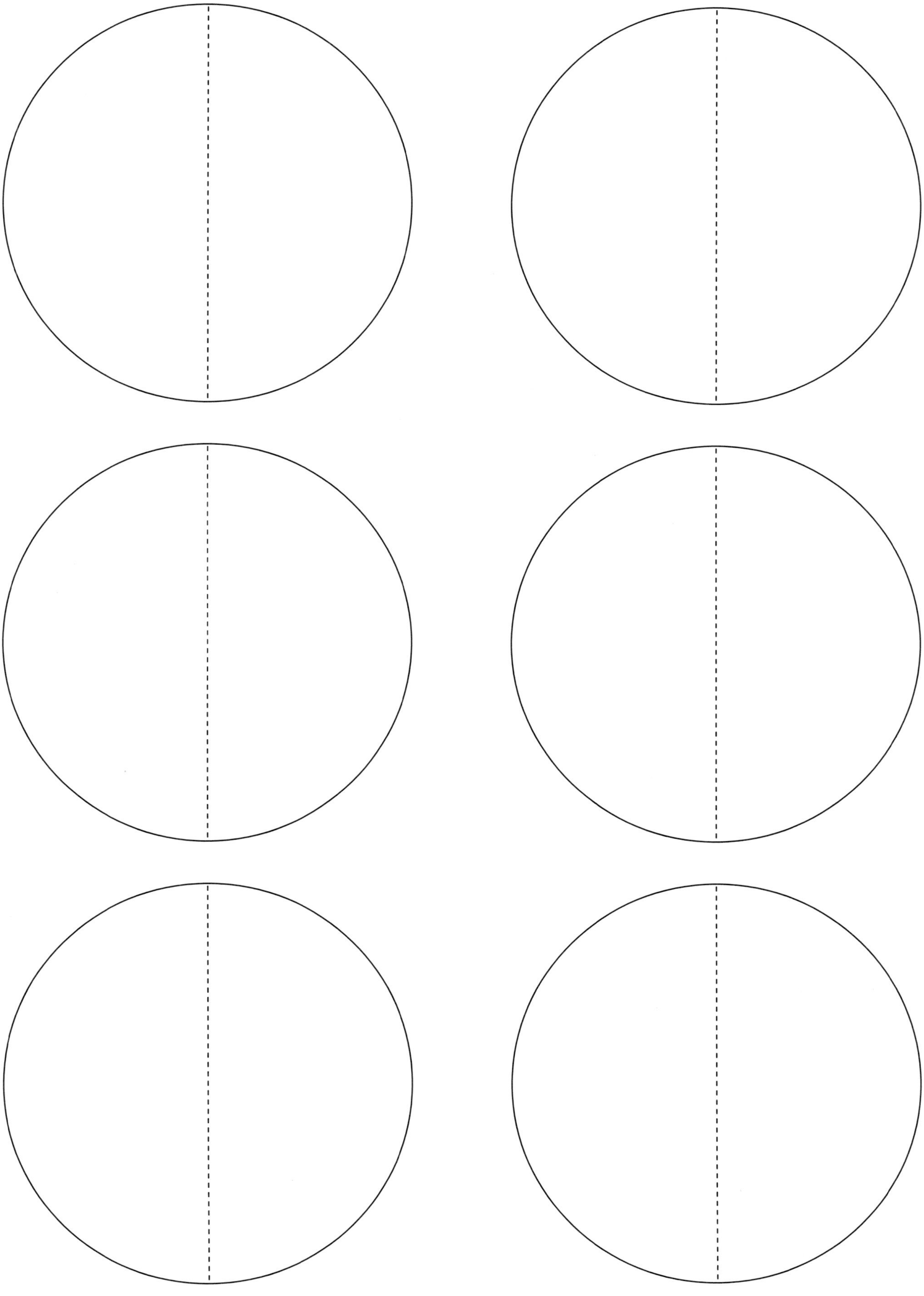

Faltvorlage: Weihnachtsgedicht in Truhe

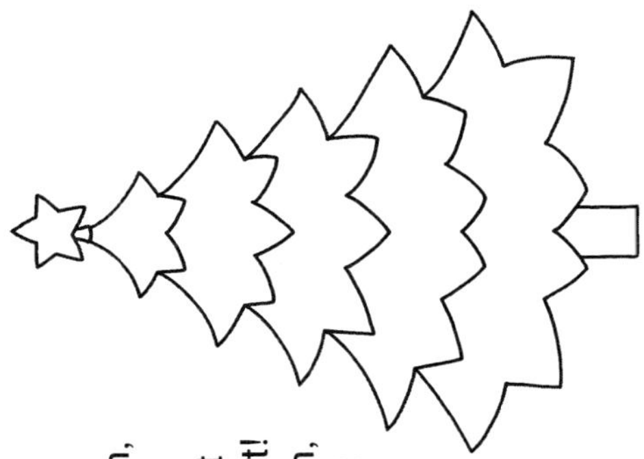

O Tannenbaum

O Tannenbaum, o Tannenbaum,
wie grün sind deine Blätter.
Du grünst nicht nur zur Sommerzeit,
nein auch im Winter, wenn es schneit:
O Tannenbaum, o Tannenbaum,
wie treu sind deine Blätter!

O Tannenbaum, o Tannenbaum,
du kannst mir sehr gefallen!
Wie oft hat nicht zur Weihnachtszeit
ein Baum von dir mich hoch erfreut!
O Tannenbaum, o Tannenbaum,
du kannst mir sehr gefallen!

O Tannenbaum, o Tannenbaum,
dein Kleid will mich was lehren!
Die Hoffnung und Beständigkeit
gibt Trost und Kraft zu jeder Zeit!
O Tannenbaum, o Tannenbaum,
dein Kleid will mich was lehren!

Traditionell

Faltvorlage: Kalenderklappe Weihnachtsfoto

Faltvorlage: Weihnachtskarte

Lapbook „Abschied“

Didaktisch-methodische Hinweise

Der Wechsel von der Kita in die Grundschule ist ein wichtiges Erlebnis für die zukünftigen Abc-Schützen. Es ist eine Zeit, in der sie zurückblicken und sich erinnern, was sie gelernt haben. Sie denken auch darüber nach, was sie in der Grundschule erwartet. Das Lapbook ist ein ideales Instrument der Begleitung.

Kopiervorlagen:

- Faltanleitungen
- Vorlage „Sammeltasche Schulranzen“
- Vorlage „Schultüte“
- Vorlage „Kalenderklappe Foto“
- Vorlage „Klappbuch Vorschulmädchen / Vorschuljunge“
- Vorlage „Vierfachklappe mit Bildkarten“
- Vorlage „Schmetterlingsklappe Schulkind“
- Alle Blankovorlagen als Download

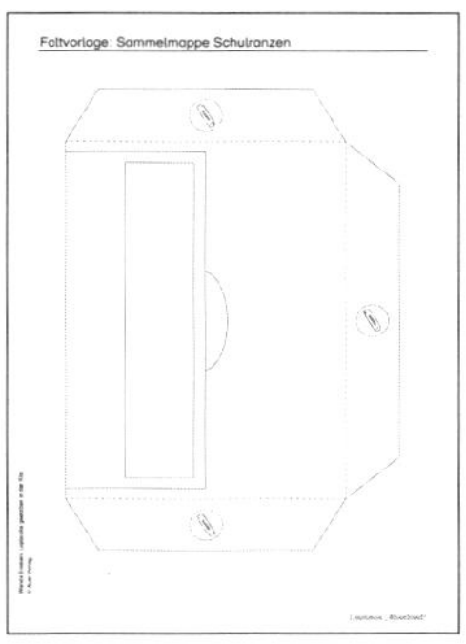

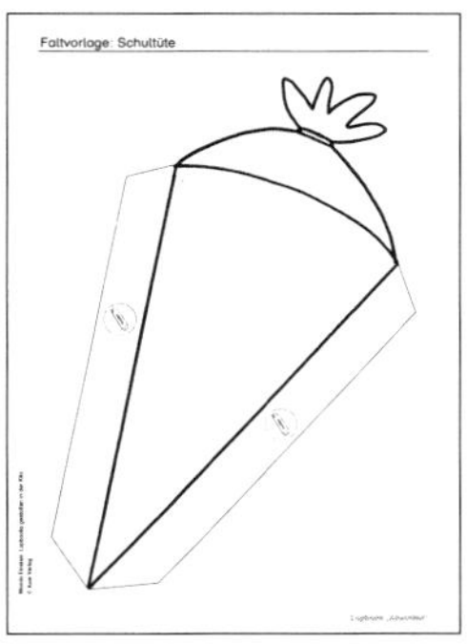

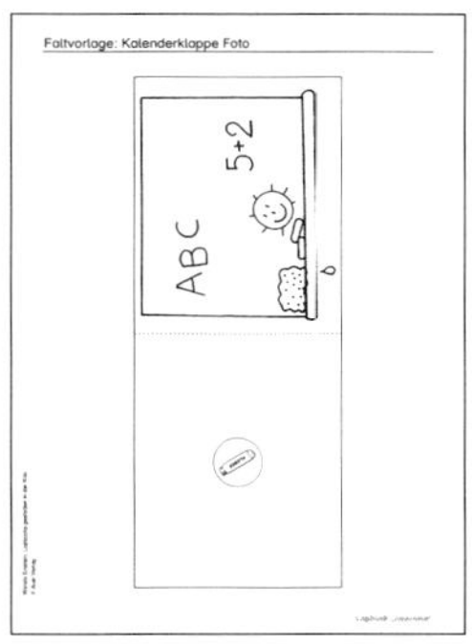

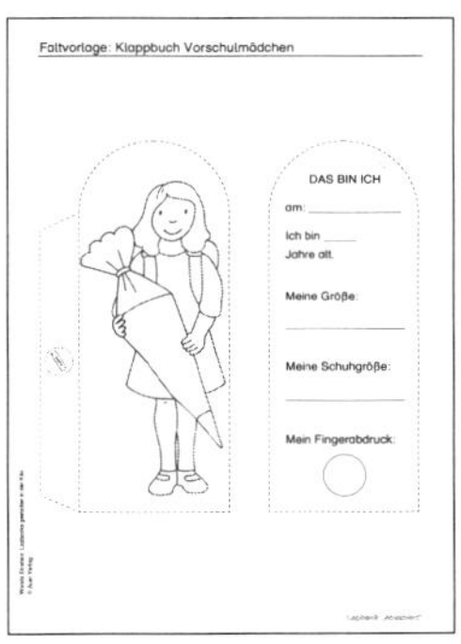

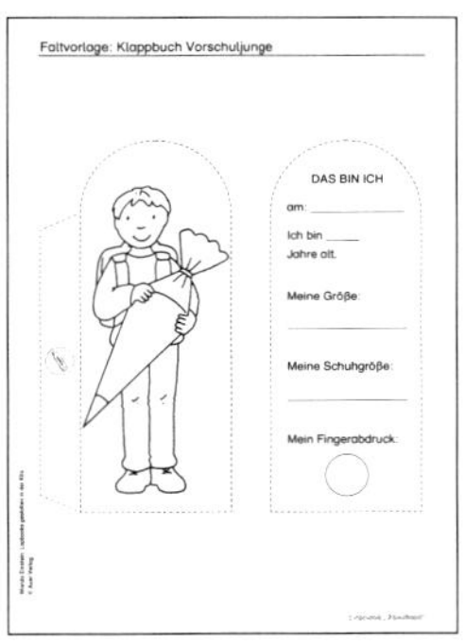

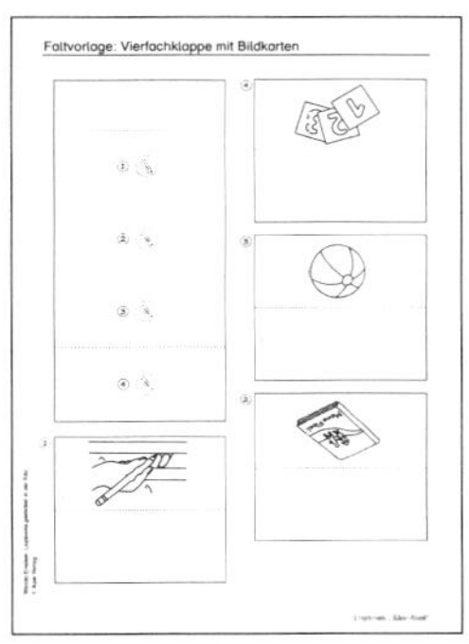

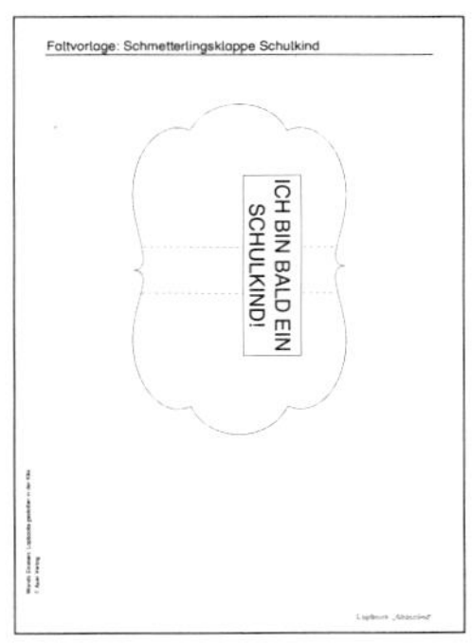

Benötigtes Zusatzmaterial:

- 1 farbiger Tonkarton pro Kind
- 1 Klarsichthülle pro Kind für die bereits fertiggestellten Materialien
- Buntstifte, Filzstifte
- Schere
- Klebstift
- Bücher / Bilderbücher passend zum Thema
- Fotos vom Vorschulkind

Faltanleitung: Sammeltasche Schulranzen

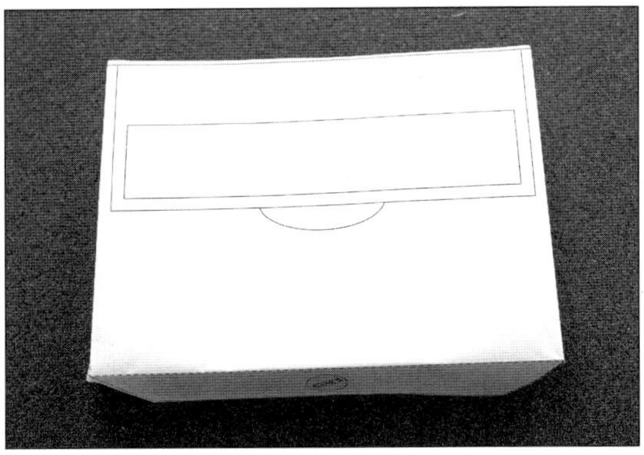

1. Male den Ranzen aus und schneide die Tasche an der schwarzen Linie aus.
2. Falte alle Klebeflächen nach hinten.
3. Klebe die Tasche mit den Klebeflächen auf dein Lapbook.
4. In der Sammeltasche kannst du verschiedene Dinge sammeln, z. B.: Bilder, Fotos, zusammengefaltete Schreibblätter.

Faltanleitung: Schultüte

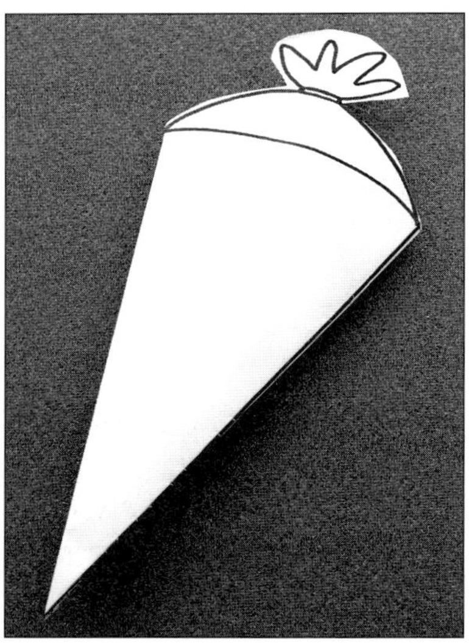

1. Male die Schultüte aus und schneide sie aus.
2. Male die Schultüte an.
3. Knicke die Klebeleisten um und trage darauf Kleber auf.
4. Klebe die Schultüte auf das Lapbook.
5. Oben bleibt die Schultüte offen.

Faltanleitung: Kalenderklappe Foto

① Schneide das Klappbuch an der schwarzen Linie aus.

② Falte die Vorlage an der gestrichelten Linie.

③ Klebe die Kalenderklappe auf eine beliebige Stelle deines Lapbooks.

④ Klebe ein Foto von dir hinein.

Faltanleitung: Klappbuch Vorschulmädchen/ Vorschuljunge

① Male das Vorschulkind so aus, wie du heute aussiehst.

② Fülle gemeinsam mit der Erzieherin die Innenseite aus.

③ Schneide die beiden Teile an der gestrichelten Linie aus.

④ Klebe zuerst das ausgemalte Bild am Klebestreifen auf das Lapbook.

⑤ Klebe innen auf den Klebestreifen den ausgefüllten Steckbrief.

Faltanleitung: Vierfachklappe mit Bildkarten

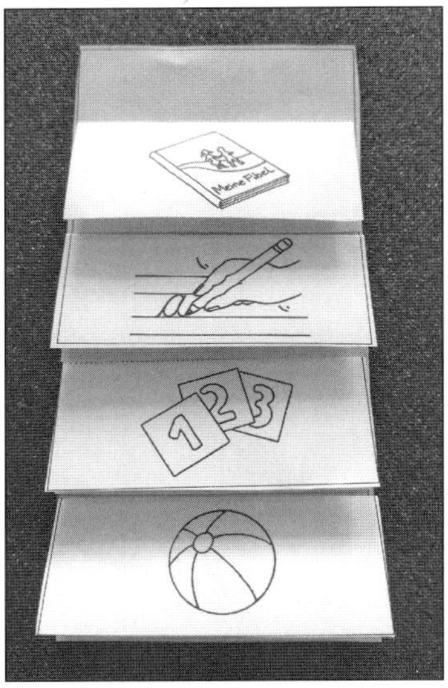

① Schneide alle Vorlagen jeweils an der schwarzen Linie aus.

② Falte die 4 Klappen an der gestrichelten Linie.

③ Klebe die Klappen auf die dazugehörige Klebefläche.

④ Klebe die Vierfachklappe auf eine beliebige Stelle deines Lapbooks.

Faltanleitung: Schmetterlingsklappe Schulkind

① Schneide die Vorlage an der schwarzen Linie aus.

② Falte die beiden Klappen an der gestrichelten Linie und wieder zurück.

③ Klebe die Schmetterlingsklappe nur mit dem Mittelteil auf eine beliebige Stelle deines Lapbooks, sodass du die beiden Klappen aufschlagen kannst.

Faltvorlage: Sammelmappe Schulranzen

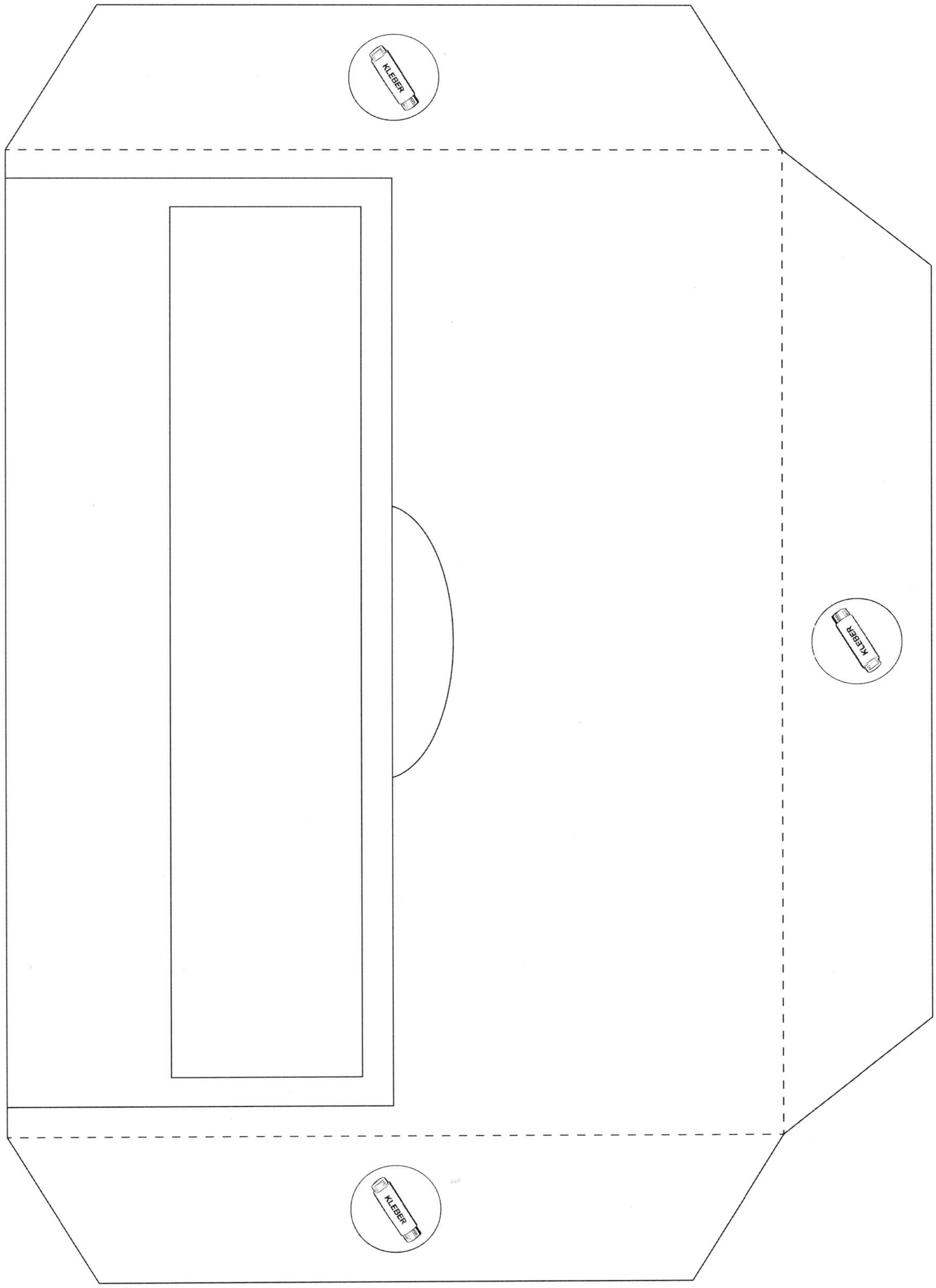

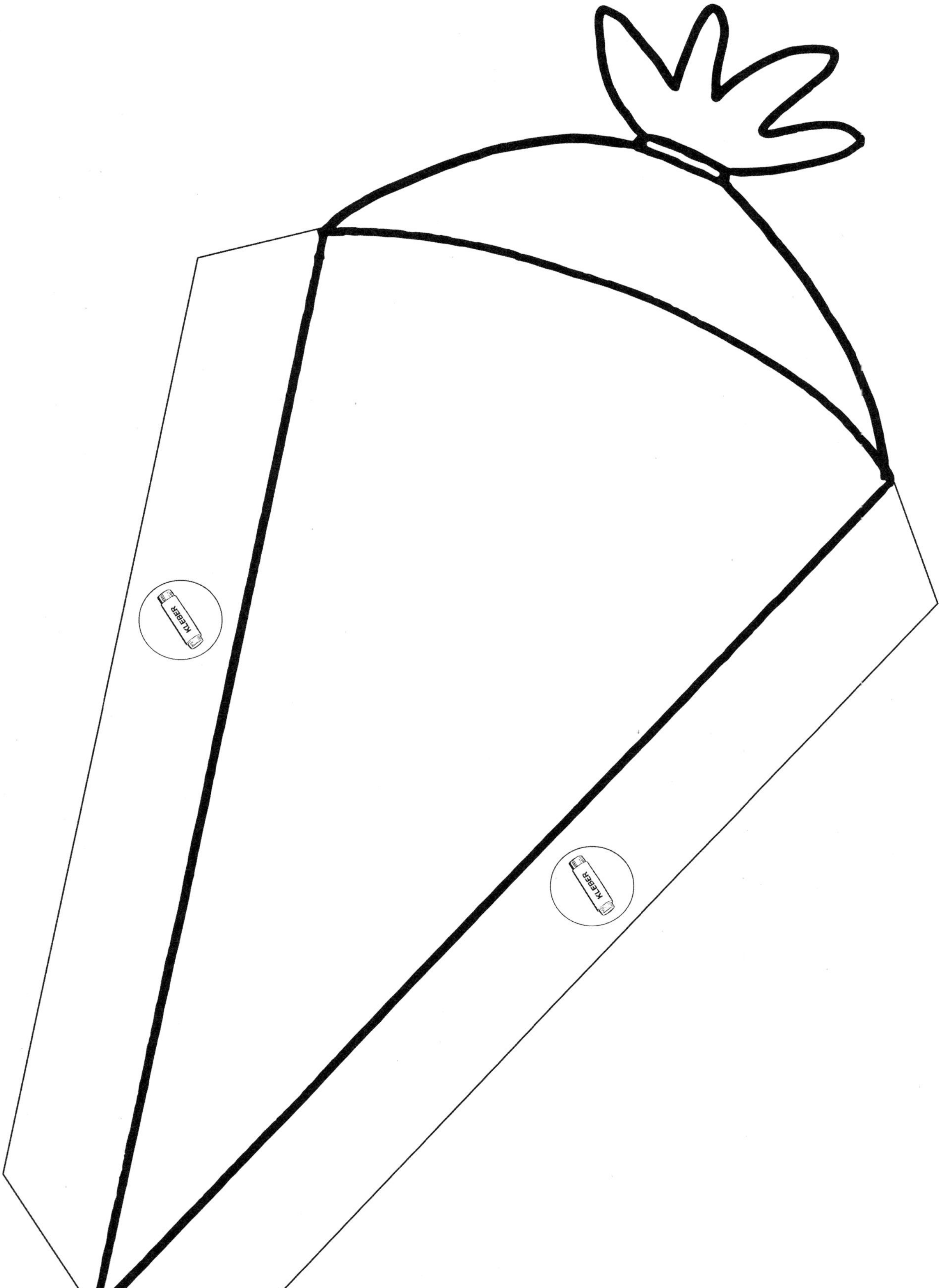
KLEBER
KLEBER

Faltvorlage: Kalenderklappe Foto

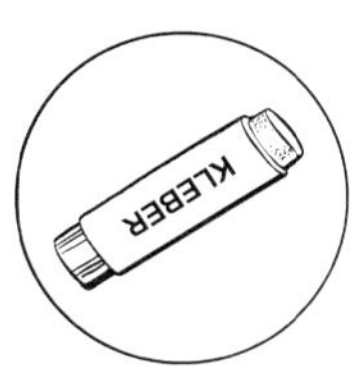

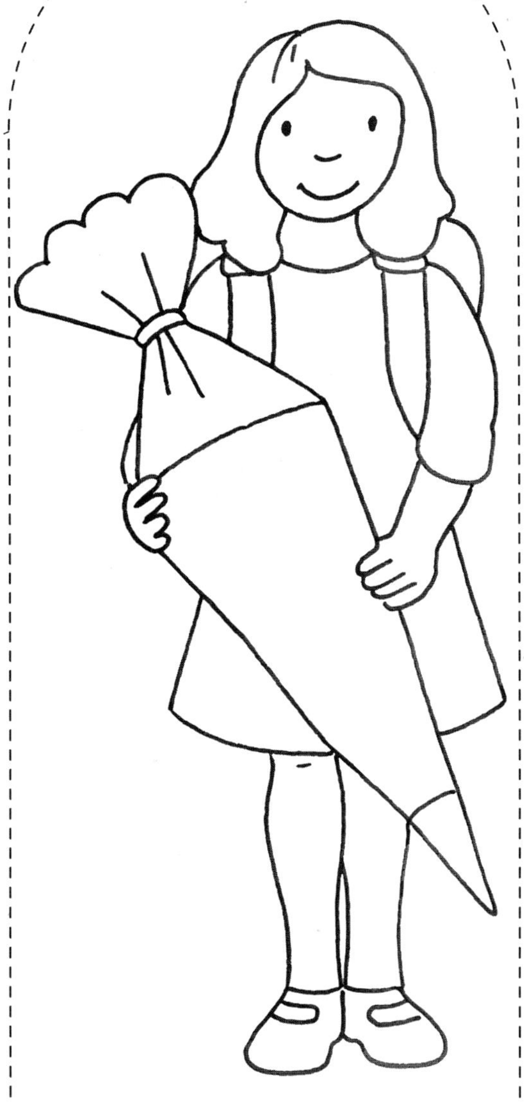

DAS BIN ICH

am: ____________________

Ich bin ______
Jahre alt.

Meine Größe:

____

Meine Schuhgröße:

____

Mein Fingerabdruck:

DAS BIN ICH

am: ____________________

Ich bin _______

Jahre alt.

Meine Größe:

____

Meine Schuhgröße:

____

Mein Fingerabdruck:

①

②

③

④

①

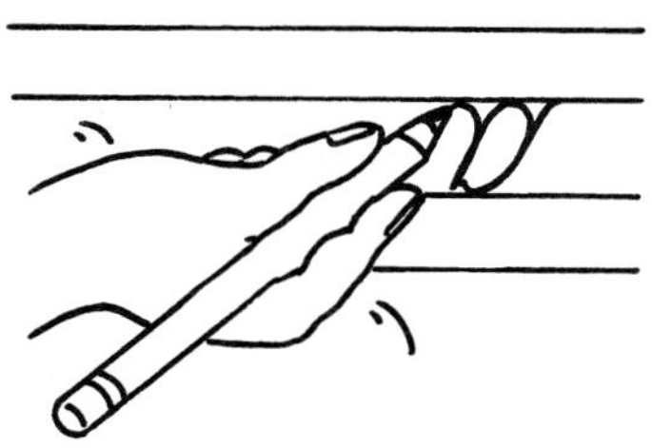

④

③

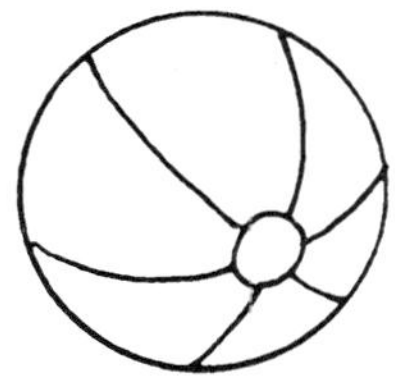

②

Faltvorlage: Schmetterlingsklappe Schulkind

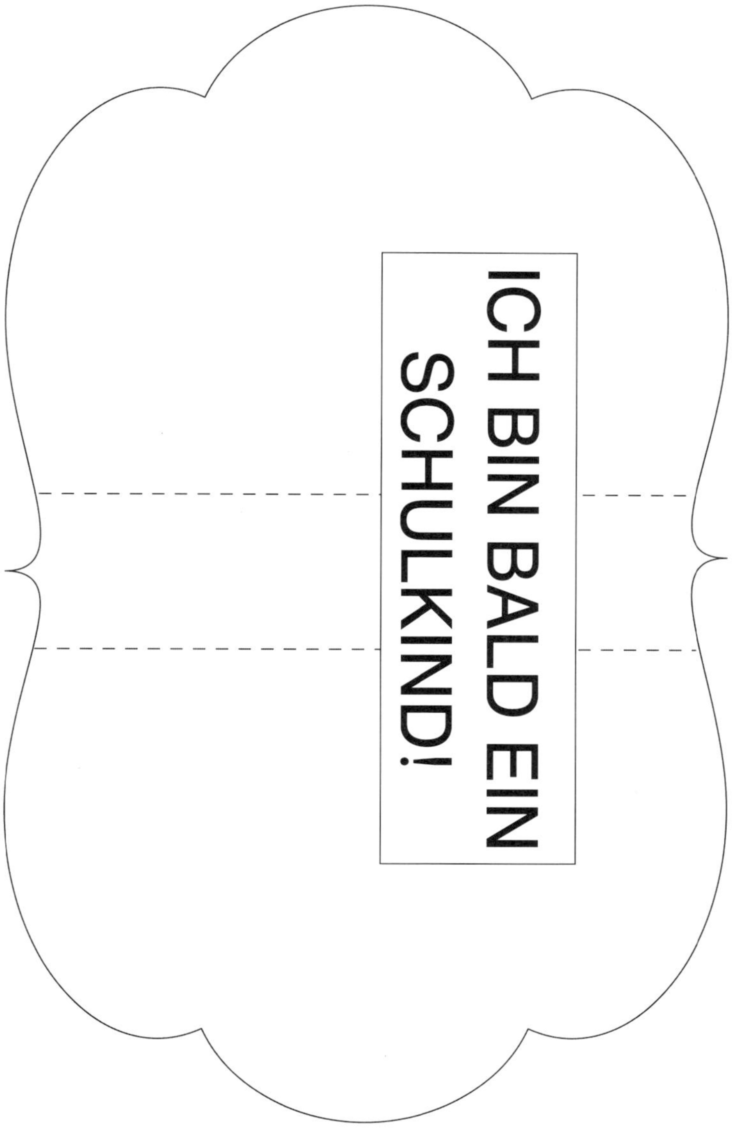